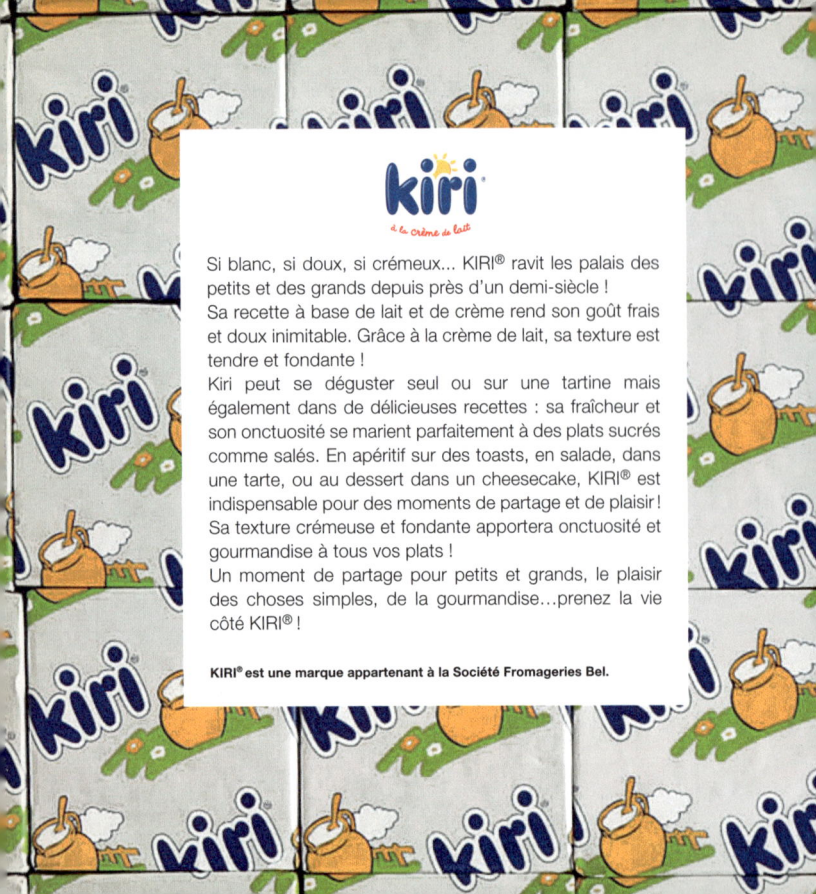

kiri
à la crème de lait

Si blanc, si doux, si crémeux... KIRI® ravit les palais des petits et des grands depuis près d'un demi-siècle !

Sa recette à base de lait et de crème rend son goût frais et doux inimitable. Grâce à la crème de lait, sa texture est tendre et fondante !

Kiri peut se déguster seul ou sur une tartine mais également dans de délicieuses recettes : sa fraîcheur et son onctuosité se marient parfaitement à des plats sucrés comme salés. En apéritif sur des toasts, en salade, dans une tarte, ou au dessert dans un cheesecake, KIRI® est indispensable pour des moments de partage et de plaisir ! Sa texture crémeuse et fondante apportera onctuosité et gourmandise à tous vos plats !

Un moment de partage pour petits et grands, le plaisir des choses simples, de la gourmandise...prenez la vie côté KIRI® !

KIRI® est une marque appartenant à la Société Fromageries Bel.

Le petit livre

KIRI®

BRIGITTE NAMOUR
Photographies de Lucie Cipolla

MARABOUT

SOMMAIRE

LES KITS

KIT DIPS 4
KIT TARTINES 6
KIT SOUPES FROIDES 8

APÉRO

TZAZI-KIRI® 10
KIRI®-TARAMA 12
GALETTES DE MAÏS PIMENTEES 14
TOMATES CERISES & GRAINES DE PAVOT BLEU ... 16
BONBONS CROUSTILLANTS AU CUMIN 18

SALADES

SALADE D'ENDIVES, POMMES & NOISETTES 20
SALADE HARICOTS VERTS & RADIS ROSES 22
SALADE DE POIS GOURMANDS
& ŒUFS MIMOSA 24
SALADE DE POUSSES D'ÉPINARD, POULET
& PIGNONS DE PIN GRILLÉS 26
SALADE DE TOMATES, TRÉVISE & PAIN GRILLÉ ... 28

TARTES

TARTE FINE TOMATES BASILIC 30
PIZZA FENOUIL, PESTO & OLIVES NOIRES 32
TARTELETTES CHAMPIGNONS & CHORIZO 34
TARTE AUX POIREAUX & CURCUMA 36

PLATEAU TÉLÉ

COURGETTES FARCIES 38
WRAPS ASPERGES VERTES
& COULIS DE MENTHE 40
FARFALLE ŒUF DE SAUMON & CITRON 42
POLENTA AUX OLIVES NOIRES 44

GRATINS

FLAN DE TOMATES CERISES 46
GRATIN DE LAPIN À LA MOUTARDE
& POMMES DE TERRE 48
CROQ'KIRI® 50
PARMENTIER DE JAMBON BLANC 52

BRUNCH

MUFFINS CRANBERRY & PISTACHES 54
CARROT CAKE 56
MINI CHEESECAKES GROSEILLES & CITRON ... 58
FEUILLETÉS AUX MIEL, AMANDES
& FRUITS ROUGES 60
CUPCAKES 62

KIT DIPS

DIPS CAROTTES CURRY CORIANDRE
3 carottes, 4 portions de KIRI®, 1 citron,
1 cuillerée à café de curry en poudre,
½ bouquet de coriandre fraîche, sel

Couper les carottes en rondelles. Les faire cuire 20 minutes dans une grande casserole d'eau bouillante salée puis les égoutter. Les mixer avec les portions de KIRI®, le jus du citron, le curry et 1 pincée de sel. Ajouter la coriandre ciselée et réserver au frais 30 minutes.

DIPS COURGETTES PESTO PISTACHES
2 courgettes, 4 portions de KIRI®, 1 cuillerée à soupe de pesto, 20 g de pistaches non salées, sel, poivre

Couper les courgettes en rondelles. Les faire cuire 6 minutes dans une grande casserole d'eau bouillante salée puis les égoutter. Concasser les pistaches et les faire griller à sec dans une poêle. Mixer les courgettes avec les portions de KIRI® et le pesto. Saler, poivrer. Parsemer de pistaches grillées et réserver au frais 30 minutes. Accompagner de bâtonnets de concombre et de céleri.

DIPS GUACAMOLE
3 avocats bien mûrs, 4 portions de KIRI®,
1 piment rouge, 2 citrons verts, sel

Couper la pointe du piment rouge en petits morceaux et réserver. Récupérer la chair des avocats. La mixer avec le jus des citrons, le reste du piment et les portions de KIRI®. Parsemer de morceaux de piment rouge et réserver au frais 30 minutes. Accompagner de petites galettes de maïs (*cf.* recette p. 14).

DIPS BETTERAVE CITRON CONFIT BASILIC
2 betteraves cuites, 4 portions de KIRI®,
½ bouquet de basilic, 1 gousse d'ail,
1 cuillerée à soupe de pâte de citron confit, 4 cuillerées à soupe d'huile d'olive, sel, poivre

Mixer les betteraves avec la gousse d'ail épluchée, les portions de KIRI®, la pâte de citron confit et l'huile. Saler, poivrer. Ajouter les feuilles de basilic ciselées et réserver au frais 30 minutes. Parsemer de basilic ciselé et accompagner de pointes d'asperges vertes.

KIT TARTINES

TARTINES CONCOMBRE ŒUFS MIMOSA CÂPRES
4 tranches de pain de campagne, 1 concombre, 4 œufs durs, 4 portions de KIRI®, 1 cuillerée à soupe de câpres au vinaigre, sel, poivre

Couper le concombre en petits dés. Mélanger les œufs durs avec le KIRI® puis ajouter les câpres et le concombre. Saler et poivrer. Mélanger. Tartiner sur les tranches de pain grillé.

TARTINES THON CÉLERI
4 tranches de pain de campagne, 4 portions de KIRI®, 1 cuillerée à soupe de SAVORA®, quelques brins de ciboulette, 1 branche de céleri, 1 cuillerée à soupe de jus de citron, 280 g de thon au naturel, sel, poivre

Mélanger les portions de KIRI® avec la SAVORA® et la ciboulette ciselée. Saler et poivrer. Couper le céleri en fines lamelles. Émietter le thon et le mélanger avec le jus de citron et le céleri. Tartiner les tranches de pain avec le KIRI®-SAVORA® et répartir le thon. Décorer de quelques lamelles de céleri.

TARTINES SAUMON WASABI
4 tranches de pain de campagne, 4 portions de KIRI®, 1 cuillerée à café de gingembre en poudre, 1 citron vert, 2 pavés de saumon cuits à l'unilatéral, 1 cuillerée à soupe de graines de sésame, wasabi en poudre, sel

Mélanger le KIRI® avec le gingembre, le jus de citron vert et saler. Tartiner sur les tranches de pain grillé. Répartir le saumon, parsemer de graines de sésame et saupoudrer de wasabi.

TARTINES VIANDE DES GRISONS, POIRE, MIEL
4 tranches de pain de campagne, 4 portions de KIRI®, 1 cuillerée à soupe de miel, 30 g de raisins secs blonds, 8 tranches de viande des Grisons, 2 poires, 1 filet de vinaigre balsamique, sel, poivre

Mélanger le KIRI® avec le miel et les raisins secs. Saler et poivrer. Tartiner sur les tranches de pain. Plier les tranches de viande des Grisons en deux et les répartir sur le pain en alternant avec 2 tranches de poire. Verser un filet de balsamique.

KIT SOUPES FROIDES

SOUPE TOMATES FRAISES
600 g de tomates mûres émondées et épépinées, 250 g de fraises, 2 portions de KIRI®, 1 oignon, 2 gousses d'ail, 5 cl d'huile d'olive, sel, poivre sauvage de Madagascar

Mixer les tomates, les fraises, les portions de KIRI®, l'oignon, l'ail, quelques grains de poivre, l'huile d'olive et ½ litre d'eau glacée. Saler. Réserver au frais pendant 2 heures minimum. Décorer avec quelques fraises.

SOUPE ASPERGES ROQUETTE TAPENADE
300 g d'asperges vertes cuites, 100 g de roquette, 4 portions de KIRI®, 50 g de tapenade, ½ l de bouillon de volaille, sel, poivre

Réserver 4 pointes d'asperges et couper les autres en morceaux. Les mixer avec la roquette, les portions de KIRI®, 1 cuillerée à café de tapenade et le bouillon. Saler et poivrer. Réserver au frais pendant 2 heures minimum. Décorer avec les pointes d'asperges, quelques feuilles de roquette et servir avec du pain grillé tartiné de tapenade.

SOUPE PETITS POIS CONCOMBRE CUMIN
½ concombre, 300 g de petits pois écossés et cuits, 3 portions de KIRI®, 1 gousse d'ail, 1 cuillerée à soupe de cumin en poudre, 1 cuillerée à soupe de graines de cumin, sel, poivre

Couper le concombre en deux. Retirer les graines. Le mixer avec les petits pois, les portions de KIRI®, l'ail, le cumin, ½ litre d'eau glacée. Saler, poivrer. Réserver au frais pendant 2 heures minimum. Parsemer de graines de cumin.

SOUPE CHOUX-FLEUR TOMATES AMANDES
100 g d'amandes émincées, 400 g de choux-fleur cuit, 5 portions de KIRI®, ½ l de bouillon de volaille, 4 pétales de tomates confites, sel, poivre

Faire griller les amandes à sec. Mixer le chou-fleur avec les portions de KIRI®, les amandes grillées et le bouillon de volaille froid. Saler et poivrer. Réserver au frais pendant 2 heures minimum. Parsemer d'amandes grillées et de tomates confites ciselées avant de servir.

TZAZI-KIRI®

15 MIN DE PRÉPARATION – 1H DE REPOS

POUR 4 PERSONNES

- 2 oignons tige
- 1 botte de ciboulette
- ½ botte de persil plat
- 8 portions de KIRI®
- 2 cuillerées à soupe de crème fraîche
- 2 cuillerées à soupe de jus de citron
- 4 cuillerées à soupe de vin blanc sec
- 1 gousse d'ail
- ½ concombre
- sel, poivre

MATÉRIEL
mixeur

1- Séparer les têtes d'oignon des tiges. Ciseler les herbes fraîches et les tiges d'oignon.
2- Placer dans le bol du robot les portions de KIRI® avec la crème fraîche, le jus de citron, le vin blanc sec, les têtes des oignons tige, la gousse d'ail épluchée. Saler et poivrer. Mixer.
3- Verser dans un grand bol.
4- Laver le concombre, l'essuyer et le débiter en 2 tronçons. Les couper en deux dans le sens vertical et ôter les graines. Couper ensuite la chair en petits dés. Mélanger les dés de concombre et les herbes ciselées à la préparation à la crème. Réserver au frais 1 heure minimum. Servir avec du pain grillé et parsemer d'herbes fraîches.

KIRI®-TARAMA

15 MIN DE PRÉPARATION - 30 MIN DE REPOS

POUR 4 PERSONNES

200 g d'œufs de cabillaud fumé
8 portions de KIRI®
1 citron
10 cl de crème liquide
sel, poivre blanc

MATÉRIEL
mixeur

1- Retirer les œufs de cabillaud de la poche qui les enveloppe.
2- Les placer dans le bol du robot avec les portions de KIRI® et le jus du citron. Saler et poivrer. Mixer.
3- Quelques minutes avant de préparer la chantilly, mettre 2 bols au réfrigérateur. Mettre dans un de l'eau froide jusqu'à mi-hauteur et ajouter des glaçons. Verser la crème liquide dans le second bol et poser sur le premier bol. Battre la crème jusqu'à obtenir une consistance de chantilly. L'incorporer délicatement au mélange.
4- Réserver au frais avant de servir avec des tranches de pain grillé.

GALETTES DE MAÏS PIMENTÉES

15 MIN DE PRÉPARATION – 1H DE REPOS – 15 MIN DE CUISSON

POUR 4 PERSONNES

400 g de grains de maïs en boîte
4 portions de KIRI®
1 oignon nouveau
5 cl de lait
1 œuf
50 g de farine
½ botte de persil plat
piment de Cayenne en poudre
huile
sel

MATÉRIEL

mixeur

1- Égoutter le contenu de la boîte de maïs.
2- Placer la moitié des grains de maïs dans le bol du robot. Ajouter les portions de KIRI®, l'oignon nouveau, le lait, l'œuf, la farine, du sel et du piment de Cayenne selon le goût. Mixer finement.
3- Verser dans un saladier, ajouter le persil plat ciselé et les grains de maïs réservés. Mélanger. Réserver 1 heure au frais.
4- Faire chauffer 3 cuillerées à soupe d'huile dans une grande poêle à revêtement antiadhésif. À l'aide d'une cuillère, déposer des petits tas de pâte dans la poêle. Cuire 2 minutes de chaque côté.
5- Égoutter sur du papier absorbant et servir tiède, saupoudré de 1 pincée de piment de Cayenne.

TOMATES CERISES & GRAINES DE PAVOT BLEU

15 MIN DE PRÉPARATION – 30 MIN DE REPOS

POUR 4 PERSONNES

12 portions de KIRI®
16 tomates cerises
15 g de graines de pavot bleu ou de sésame
sel, poivre

MATÉRIEL
pics en bois

1- Écraser les portions de KIRI® à la fourchette. Saler et poivrer. Mélanger.
2- Enrober chaque tomate cerise de KIRI® puis rouler la bille obtenue entre vos mains pour lisser la pâte. Réserver au frais 30 minutes.
3- Rouler ensuite les billes dans les graines de pavot à plusieurs reprises pour bien faire adhérer. Servir avec des pics en bois.

BONBONS CROUSTILLANTS AU CUMIN

20 MIN DE PRÉPARATION – 5 À 8 MIN DE CUISSON

POUR 4 PERSONNES

4 feuilles de filo
4 portions de KIRI®
4 pincées de cumin
poivre
huile d'olive

1- Préchauffer le four à 200 °C (th. 6).
2- Étaler 1 feuille de filo sur le plan de travail. Couper aux ciseaux deux côtés arrondis. Placer 1 portion de KIRI® au centre, saupoudrer de cumin et poivrer. La rouler sur elle-même pour la fermer.
3- Tordre les deux extrémités des feuilles de filo comme des papillotes de bonbons. Les poser sur la plaque du four recouverte d'une feuille de papier cuisson.
4- Badigeonner les bonbons d'huile au pinceau et enfourner dans le four chaud pour 5 à 8 minutes le temps de faire dorer la feuille de filo. Servir chaud ou tiède.

SALADE D'ENDIVES, POMMES & NOISETTES

15 MIN DE PRÉPARATION

POUR 4 PERSONNES

5 endives

1 botte de ciboulette

2 pommes vertes granny-smith

le jus de ½ citron

30 g de noisettes entières

4 portions de KIRI®

4 cuillerées à soupe d'huile de noisette

sel, poivre

1- Couper le talon des endives et les laver feuille à feuille. Essorer soigneusement. Ciseler la ciboulette.
2- Laver et essuyer les pommes. Les peler et les couper en fines lamelles en gardant la peau. Les placer dans une assiette creuse et arroser de jus de citron pour qu'elles restent bien blanches.
3- Concasser grossièrement les noisettes puis les faire griller à sec dans une poêle à revêtement antiadhésif.
4- Placer les endives dans un saladier, saler et poivrer puis ajouter les pommes vertes avec le reste du jus de citron. Couper les portions de KIRI® en quatre et les répartir sur les pommes.
5- Parsemer de noisettes grillées et de ciboulette ciselée. Poivrer et arroser d'huile de noisette.

SALADE HARICOTS VERTS & RADIS ROSES

15 MIN DE PRÉPARATION - 6 MIN DE CUISSON

POUR 4 PERSONNES

500 g de haricots verts
100 g de roquette
½ botte de radis roses
½ cuillerée à café de moutarde forte
2 échalotes
2 cuillerées à soupe de jus de citron
1 cuillerée à café de sauce Worcestershire ou de sauce soja
4 cuillerées à soupe d'huile d'olive
1 botte de ciboulette
4 portions de KIRI®
sel, poivre

1- Écosser et rincer les haricots verts. Les mettre à cuire dans un grand récipient d'eau bouillante salée. Compter 6 minutes après la reprise d'ébullition. Égoutter et rincer sous un filet d'eau froide.
2- Laver et essorer la roquette. Nettoyer les radis.
3- Dans un saladier, mélanger la moutarde avec les échalotes hachées, le jus de citron et la sauce Worcestershire. Saler et poivrer puis verser l'huile et mélanger.
4- Disposer la roquette dans un saladier puis les haricots verts. Mélanger. Répartir les radis coupés en rondelles. Parsemer de la moitié de la ciboulette. Mélanger.
5- Au moment de servir, couper les portions de KIRI® en quatre et les répartir sur la salade. Poivrer et parsemer du reste de ciboulette ciselée.

SALADE DE POIS GOURMANDS & ŒUFS MIMOSA

15 MIN DE PRÉPARATION - 10 MIN DE CUISSON

POUR 4 PERSONNES

4 œufs

500 g de pois gourmands

2 cuillerées à soupe de jus de citron

10 filets d'anchois à l'huile (facultatif)

5 cuillerées à soupe d'huile d'olive

½ bouquet de persil plat

4 portions de KIRI®

sel, poivre

1- Faire cuire les œufs dans une casserole d'eau bouillante pendant 10 minutes.
2- Plonger les pois gourmands dans une grande casserole d'eau bouillante salée pendant 3 minutes puis égoutter et rincer sous un filet d'eau froide. Égoutter.
3- Dans un grand saladier, verser le jus de citron et y écraser deux filets d'anchois. Saler et poivrer. Verser l'huile d'olive et fouetter vivement.
4- Ajouter les pois gourmands et mélanger. Parsemer de persil plat ciselé.
5- Écraser les œufs durs à la fourchette pour les réduire en miettes. Parsemer sur la salade.
6- Couper les portions de KIRI® en quatre et les répartir sur la salade. Dresser les filets d'anchois en rosace, parsemer de persil plat et servir.

SALADE DE POUSSES D'ÉPINARD,
POULET & PIGNONS DE PIN GRILLÉS

15 MIN DE PRÉPARATION - 5 MIN DE CUISSON

POUR 4 PERSONNES

- 200 g de pousses d'épinard
- 50 g de pignons de pin grillés
- 2 blancs de poulet
- 5 cuillerées à soupe d'huile d'olive
- 2 cuillerées à soupe de jus de citron
- 1 cuillerée à café de tapenade verte
- 4 portions de KIRI®
- ½ bouquet de basilic
- sel, poivre

1- Laver et essorer soigneusement les pousses d'épinard. Ôter les queues.
2- Faire griller à sec les pignons dans une poêle à revêtement antiadhésif.
3- Détailler les blancs de poulet en lanières et les faire dorer vivement à la poêle dans 2 cuillerées à soupe d'huile. Égoutter sur du papier absorbant.
4- Dans un saladier, mélanger le jus de citron avec la tapenade verte, 1 pincée de sel et du poivre à volonté. Ajouter le reste d'huile d'olive et fouetter vivement.
5- Ajouter les pousses d'épinard et mélanger. Répartir les lanières de blanc de poulet, les portions de KIRI® coupées en quatre et les pignons de pin grillés. Parsemer de basilic ciselé et servir.

SALADE DE TOMATES, TRÉVISE & PAIN GRILLÉ

15 MIN DE PRÉPARATION – 30 MIN DE REPOS

POUR 4 PERSONNES

5 tomates bien mûres

4 cœurs de trévise ou de toute autre salade croquante

1 oignon rouge

1 cuillerée à soupe de jus de citron

1 cuillerée à café de vinaigre balsamique

5 cuillerées à soupe d'huile d'olive

1 tranche de pain de campagne épaisse

4 portions de KIRI®

½ bouquet de basilic

sel, poivre

1- Laver et essuyer les tomates. Les couper en quatre. Laver la trévise et l'essorer.

2- Peler et couper l'oignon rouge en fines lamelles.

3- Dans un saladier, mélanger le jus de citron avec le vinaigre balsamique, 1 pincée de sel et du poivre à volonté. Ajouter l'huile et fouetter.

4- Ajouter les lamelles d'oignon rouge et les tomates puis mélanger. Réserver 30 minutes en remuant de temps en temps.

5- Faire griller la tranche de pain puis la couper en petits cubes.

6- Ajouter la trévise et le pain grillé aux tomates. Mélanger. Répartir les portions de KIRI® coupées en quatre, parsemer de basilic ciselé et servir.

TARTE FINE TOMATES BASILIC

15 MIN DE PRÉPARATION – 25 MIN DE CUISSON

POUR 4 PERSONNES

- 200 g de pulpe de tomates
- 1 gousse d'ail
- 1 pâte feuilletée
- 5 tomates
- 4 portions de KIRI®
- ½ bouquet de basilic
- sel, poivre

1- Verser la pulpe de tomates dans une casserole, ajouter l'ail. Réduire en purée à feu vif. Préchauffer le four à 220 °C (th. 6).
2- Dérouler la pâte feuilletée sur sa feuille d'emballage. La poser sur la plaque du four.
3- Tartiner la pâte de purée de tomates.
4- Couper les tomates en rondelles et les disposer sur la pâte.
5- Couper les portions de KIRI® en morceaux et les répartir sur les tomates.
6- Enfourner pendant 20 à 25 minutes. Servir tiède, parsemé de basilic ciselé.

PIZZA FENOUIL, PESTO & OLIVES NOIRES

20 MIN DE PRÉPARATION – 20 MIN DE CUISSON

POUR 4 PERSONNES

2 bulbes de fenouil
1 pâte à pizza
2 cuillerées à soupe de pesto
4 portions de KIRI®
6 olives noires
1 poignée de roquette
huile d'olive
sel, poivre

1- Préchauffer le four à 240 °C (th. 7) avec la plaque de cuisson à l'intérieur. Laver et essuyer les bulbes de fenouil puis les couper en fines lamelles.
2- Dérouler la pâte à pizza sur sa feuille de cuisson. La tartiner généreusement de pesto. Disposer les lamelles de fenouil en rosace.
3- Répartir les portions de KIRI® coupées en morceaux ainsi que les olives. Arroser d'un filet d'huile d'olive. Saler et poivrer.
4- Quand le four est chaud, poser délicatement la pizza sur la plaque chaude. Enfourner pendant 20 minutes. À la sortie du four, disposer la roquette lavée et essorée au centre de la pizza puis servir.

TARTELETTES CHAMPIGNONS & CHORIZO

20 MIN DE PRÉPARATION – 30 MIN DE CUISSON

POUR 4 PERSONNES

300 g de champignons de Paris émincés

huile d'olive

1 échalote

1 pâte brisée

6 tranches de chorizo fort

3 portions de KIRI®

2 œufs

10 cl de lait

piment d'Espelette

sel

MATÉRIEL

4 moules à tartelettes

1- Faire revenir les champignons émincés dans 2 cuillerées à soupe d'huile d'olive. Saler. Éplucher et hacher l'échalote puis l'ajouter aux champignons. Remuer souvent.
2- Préchauffer le four à 200 °C (th. 6). Garnir de pâte quatre moules à tartelettes. Piquer les fonds de tarte avec une fourchette.
3- Quand les champignons sont bien dorés, les répartir dans les moules. Couper les tranches de chorizo en quatre. Les répartir sur les champignons.
4- Écraser les portions de KIRI® à la fourchette dans un bol. Ajouter les œufs et le lait puis mélanger. Saler et saupoudrer de piment. Verser sur les tartelettes.
5- Enfourner pour 30 minutes. Démouler à la sortie du four et servir, saupoudré de piment d'Espelette.

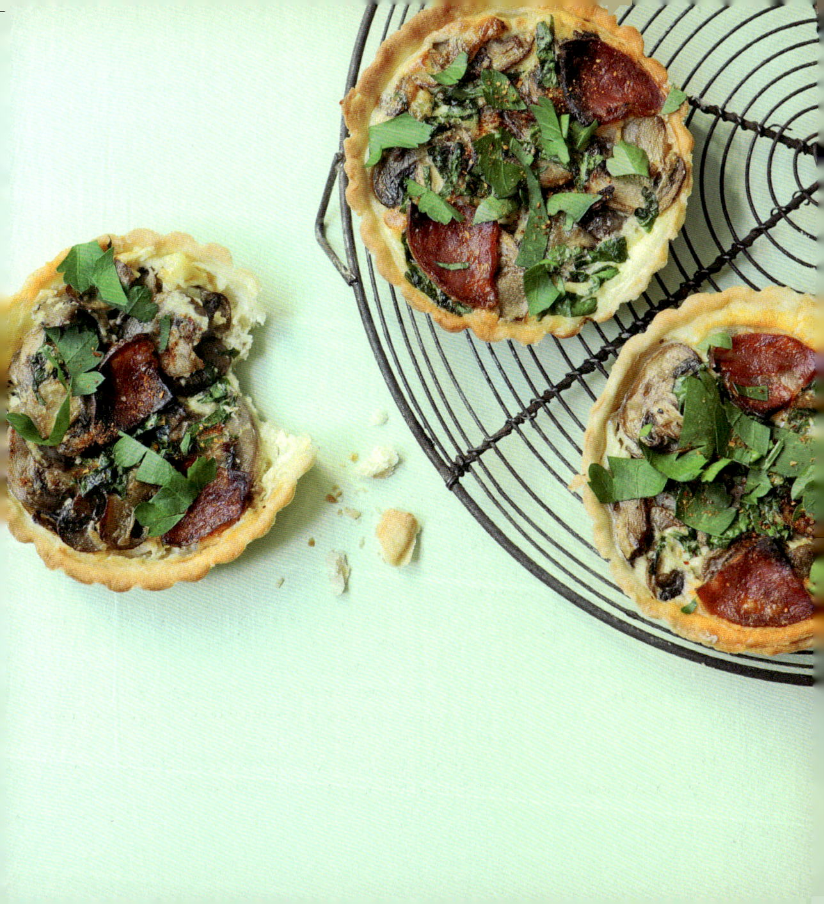

TARTE AUX POIREAUX & CURCUMA

20 MIN DE PRÉPARATION – 30 MIN DE CUISSON

POUR 4 PERSONNES

2 blancs de poireaux
huile d'olive
50 g de beurre
50 g de farine
1 cuillerée à soupe de curcuma
25 cl de lait
1 pâte brisée
4 portions de KIRI®
1 cuillerée à soupe de graines de sésame blanc
sel, poivre

MATÉRIEL

moule à tarte

1- Laver et essuyer les blancs de poireaux. Les couper en rondelles. Les faire dorer dans une poêle dans 2 cuillerées à soupe d'huile d'olive. Saler et poivrer.
2- Préchauffer le four à 220 °C (th. 6). Dans une casserole, faire fondre le beurre et ajouter la farine et le curcuma. Remuer pendant quelques minutes puis verser le lait sans cesser de remuer.
3- Laisser épaissir tout en remuant jusqu'à obtenir une béchamel. Ajouter les poireaux et mélanger. Réserver.
4- Disposer la pâte dans un moule à tarte, graissé et fariné. Piquer le fond de tarte avec une fourchette. Répartir les poireaux et les portions de KIRI® coupées en morceaux. Parsemer de graines de sésame et enfourner pendant 30 minutes. Laisser tiédir puis démouler et servir.

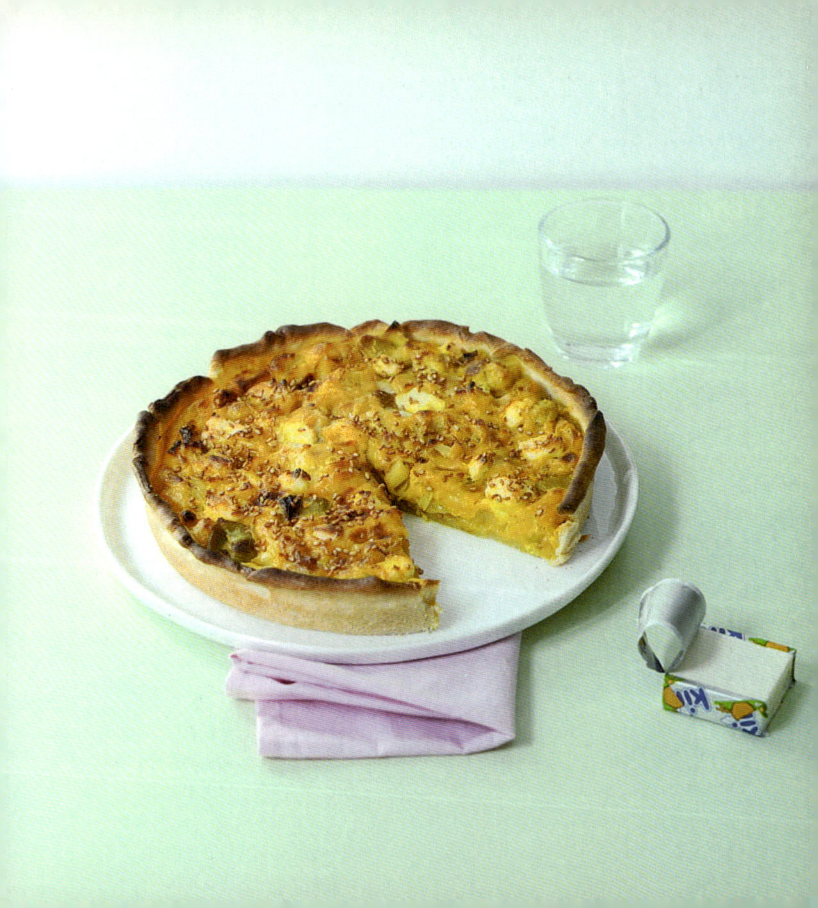

COURGETTES FARCIES

20 MIN DE PRÉPARATION – 15 MIN DE CUISSON

POUR 4 PERSONNES

4 courgettes rondes
4 portions de KIRI®
1 cuillerée à soupe de curry en poudre
1 boîte de sardines à l'huile
coriandre fraîche
sel

1- Découper le chapeau des courgettes. Faire cuire les courgettes dans une grande casserole d'eau bouillante salée pendant 15 minutes. Égoutter et laisser refroidir. Retirer les graines.
2- Mélanger les portions de KIRI® avec le curry et les sardines à l'huile. Saler un peu.
3- Parsemer de coriandre fraîche ciselée et farcir les courgettes du mélange. Servir froid.

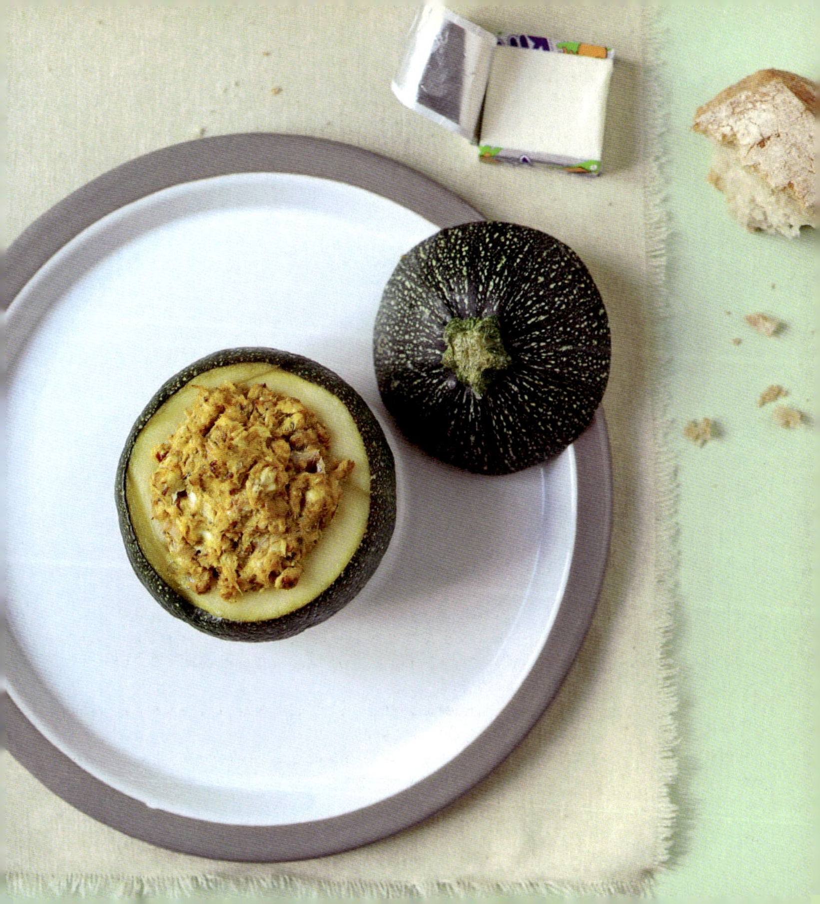

WRAPS ASPERGES VERTES & COULIS MENTHE

20 MIN DE PRÉPARATION – 6 À 8 MIN DE CUISSON

POUR 4 PERSONNES

1 botte d'asperges vertes
1 bouquet de menthe fraîche
1 gousse d'ail
5 cl d'huile d'olive
4 tortillas
4 portions de KIRI®
sel, poivre

MATÉRIEL

mixeur

1- Ôter le talon des asperges et les cuire à la vapeur 6 à 8 minutes. Les rincer sous un filet d'eau froide pour qu'elles restent bien vertes.
2- Dans le bol du robot, mettre les feuilles de menthe avec la gousse d'ail épluchée et l'huile d'olive. Saler et poivrer puis mixer finement pour obtenir un coulis.
3- Tartiner les tortillas de KIRI® puis de coulis de menthe. Disposer les asperges à l'extrémité de chaque tortilla, poivrer. Rouler pour former les wraps : plier les tortillas en deux puis rabattre les extrémités vers le centre. Lier le tout avec un brin de ciboulette. Servir froid.

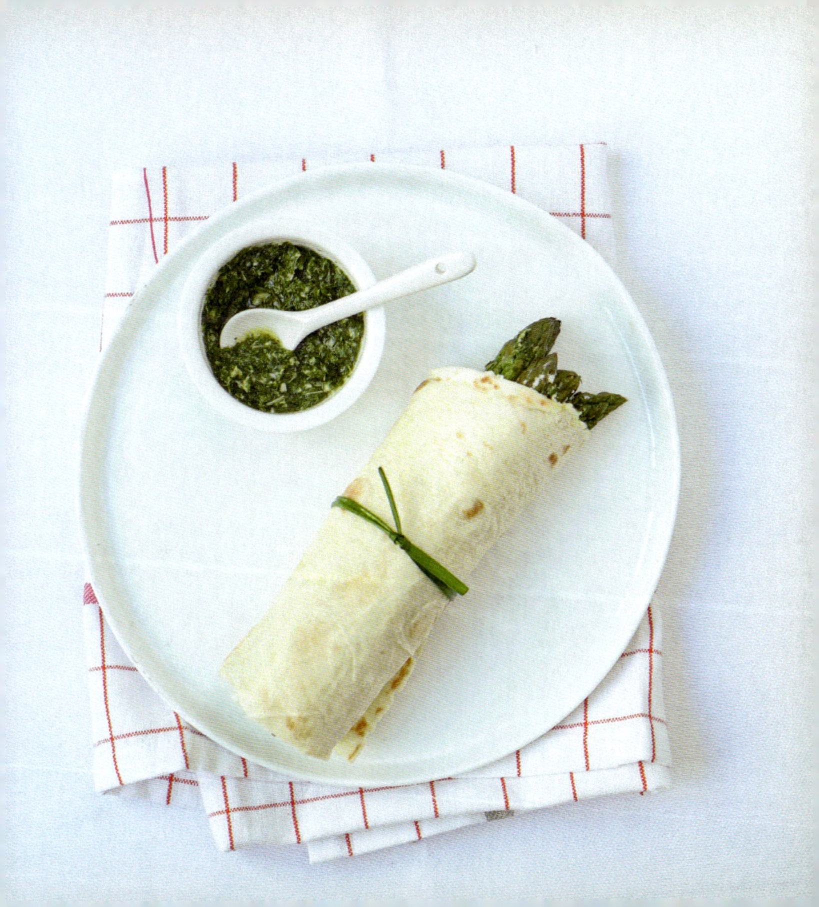

FARFALLE ŒUFS DE SAUMON & CITRON

15 MIN DE PRÉPARATION – 10 MIN DE CUISSON

POUR 4 PERSONNES

300 g de farfalle

4 portions de KIRI®

1 citron

1 boîte d'œufs de saumon ou, à défaut, 2 tranches de saumon fumé émincées

1 botte de ciboulette

sel, poivre

1- Faire cuire les pâtes dans une grande casserole d'eau bouillante salée suivant les indications du paquet.
2- Écraser les 4 portions de KIRI® avec une fourchette, saler et poivrer.
3- Presser le citron.
4- Égoutter les pâtes en réservant un fond d'eau de cuisson dans la casserole. Y verser le jus de citron puis les portions de KIRI®. Mélanger sur feu doux pour faire fondre le fromage.
5- Ajouter les pâtes et mélanger. Chauffer à feu doux puis dresser dans des assiettes creuses. Déposer 1 cuillerée à café d'œufs de saumon et parsemer de ciboulette ciselée. Poivrer. Servir chaud.

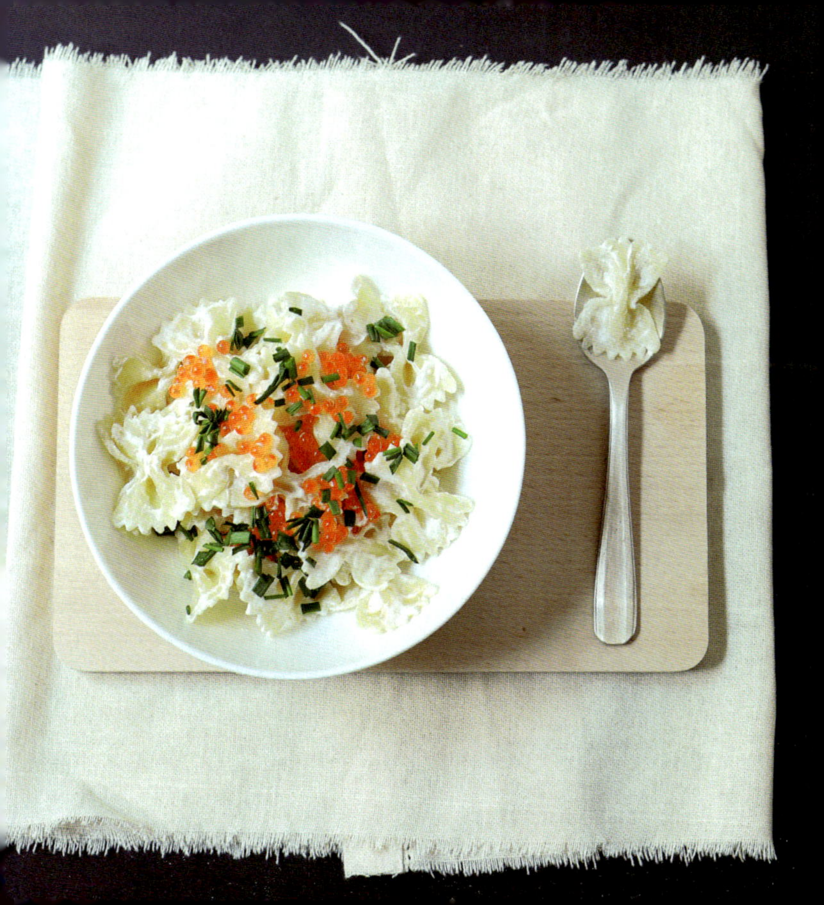

POLENTA AUX OLIVES NOIRES

15 MIN DE PRÉPARATION – 10 MIN DE CUISSON

POUR 4 PERSONNES

60 g d'olives noires
6 portions de KIRI®
huile d'olive
1 brin de thym
250 g de polenta précuite
sel, poivre

1- Couper les olives en très petits morceaux.
2- Porter 1 l ¼ d'eau salée à ébullition. Y mettre les portions de KIRI® et mélanger pour les faire fondre.
3- Ajouter 1 filet d'huile d'olive et le thym puis verser la polenta en pluie. Mélanger sans arrêt jusqu'à ce que la polenta épaississe et se détache des parois.
4- Ôter le thym, saler et poivrer. Ajouter les olives avec 1 filet d'huile d'olive et mélanger. Servir chaud.

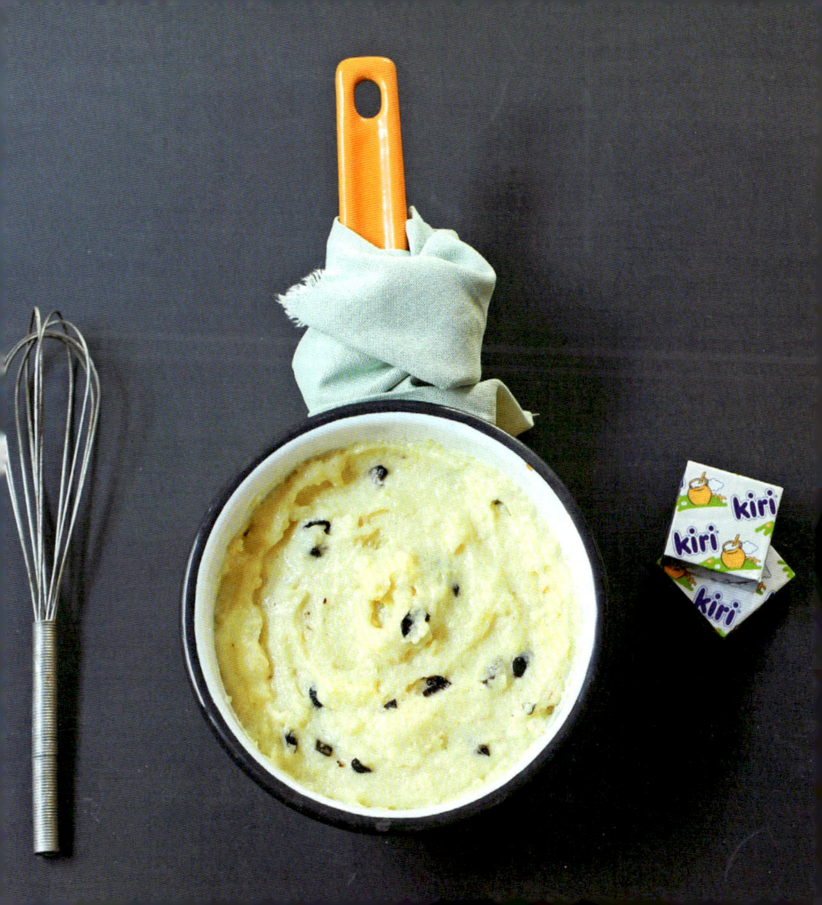
kiri
kiri
kiri

FLAN DE TOMATES CERISES

15 MIN DE PRÉPARATION – 35 MIN DE CUISSON

POUR 4 PERSONNES

20 cl de lait
4 portions de KIRI®
15 à 20 tomates cerises
4 œufs
100 g de farine
sel, poivre

MATÉRIEL
plat à gratin

1- Dans une casserole, verser le lait et les portions de KIRI®. Faire fondre à feu doux en remuant. Laisser refroidir.
2- Préchauffer le four à 210 °C (th. 6). Laver et essuyer les tomates cerises. Les disposer dans un plat à gratin.
3- Dans un bol, fouetter les œufs puis saler et poivrer. Ajouter la farine et le lait refroidi tout en continuant de mélanger.
4- Verser la préparation sur les tomates cerises. Enfourner pour 35 minutes. Servir chaud ou tiède.

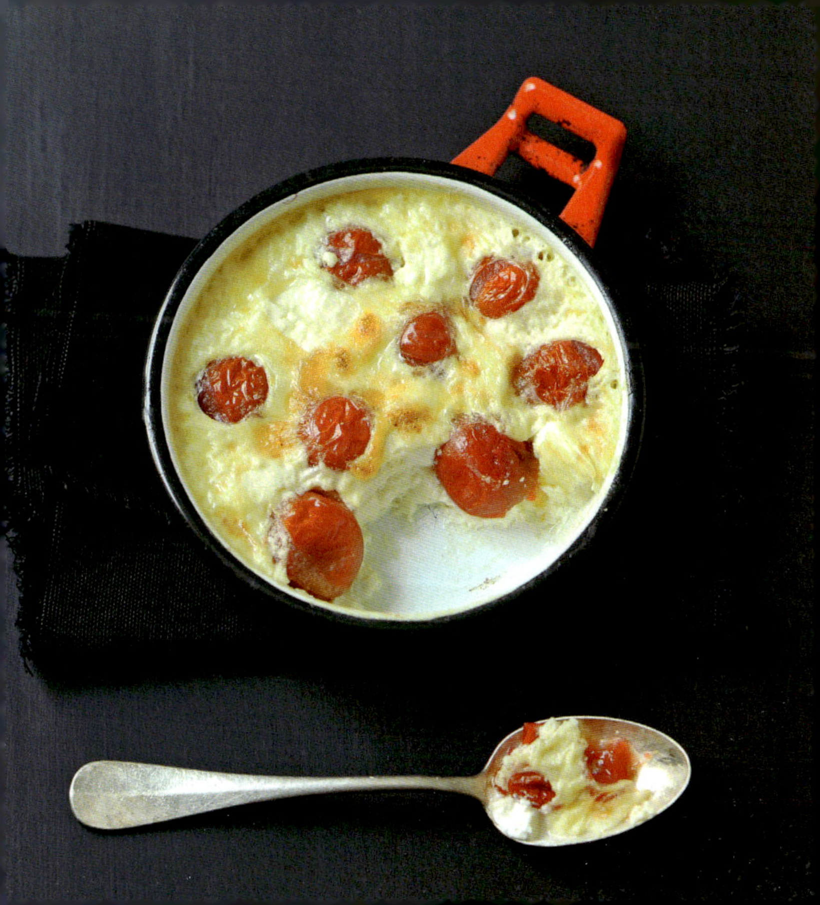

GRATIN DE LAPIN À LA MOUTARDE
& POMMES DE TERRE

20 MIN DE PRÉPARATION – 55 MIN DE CUISSON

POUR 4 PERSONNES

1 lapin coupé en morceaux ou, à défaut, ½ poulet

beurre demi-sel

huile

15 cl de bouillon de volaille

2 cuillerées à soupe de moutarde

1 gousse d'ail

4 portions de KIRI®

1 brin de thym

1 feuille de laurier

5 pommes de terre

½ bouquet de persil plat

sel, poivre

MATÉRIEL

cocotte

plat à gratin

1- Dans une cocotte, faire dorer les morceaux de lapin dans un mélange beurre-huile. Laisser un peu attacher.
2- Retirer les morceaux de lapin dorés. Vider le gras de cuisson et reposer la cocotte sur feu doux. Déglacer avec le bouillon de volaille en détachant bien les sucs de cuisson.
3- Ajouter les morceaux de lapin tartinés de moutarde, la gousse d'ail épluchée, les portions de KIRI®, le thym et le laurier. Saler et poivrer. Couvrir et laisser cuire 45 minutes à feu doux en remuant de temps en temps.
4- Placer les pommes de terre dans une grande quantité d'eau bouillante salée et les faire cuire 20 minutes.
5- Quand le lapin est cuit, ôter les morceaux et ajouter 1 cuillerée à café de beurre dans la sauce. La laisser réduire pour qu'elle soit onctueuse.
6- Préchauffer le four à 200 °C (th. 6). Placer les morceaux de lapin dans un plat à gratin. Parsemer de persil plat ciselé. Éplucher les pommes de terre cuites et les couper en rondelles. Les disposer en rosace sur le lapin. Saler et poivrer.
7- Filtrer la sauce au chinois et en arroser soigneusement les pommes de terre. Parsemer de copeaux de beurre et enfourner. Faire dorer sous le gril du four quelques minutes. Servir chaud.

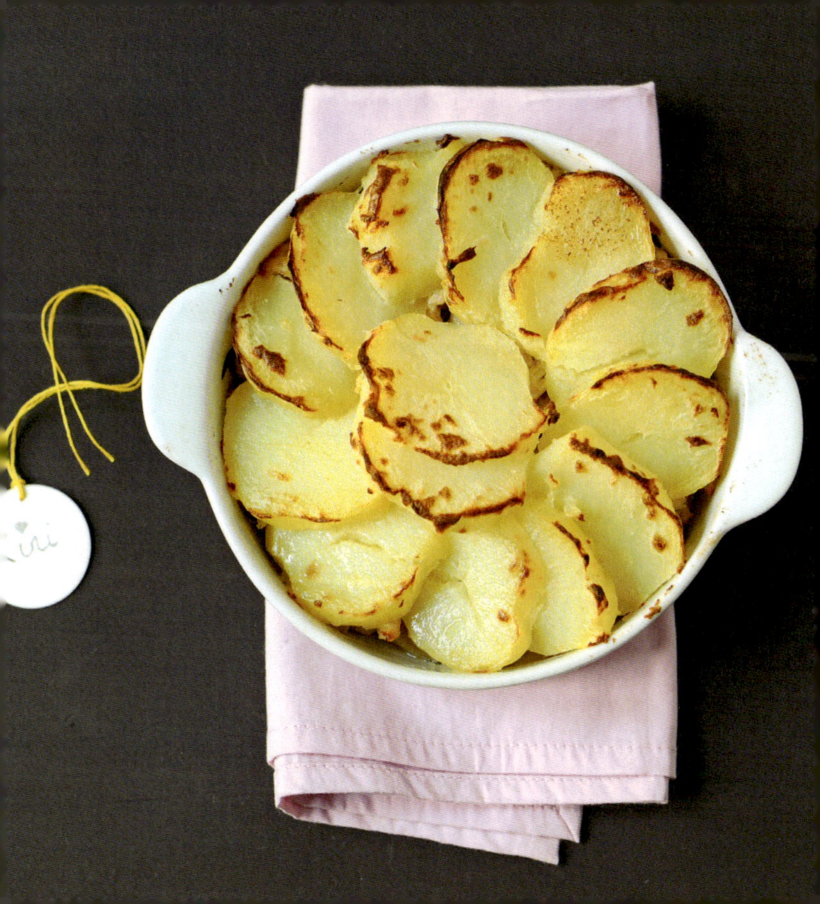

CROQ'KIRI®

10 MIN DE PRÉPARATION – 5 MIN DE CUISSON

POUR 4 PERSONNES

8 tranches de pain de mie sans croûte
8 portions de KIRI®
4 tranches de jambon blanc
1 œuf
10 cl de lait
50 g d'emmental râpé
sel, poivre

1- Tartiner 4 tranches de pain de mie avec 4 portions de KIRI®.
2- Disposer le jambon sur les tranches de pain en coupant le jambon qui dépasse.
3- Couvrir avec le reste des tranches de pain. Tartiner le dessus des croques avec le reste de KIRI®. Préchauffer le four à 210 °C (th. 6).
4- Fouetter l'œuf avec le lait, saler et poivrer. Ajouter le fromage râpé. Répartir cette préparation sur le dessus des croques sans déborder sur les côtés. Enfourner et faire dorer sous le gril du four quelques minutes. Servir chaud.

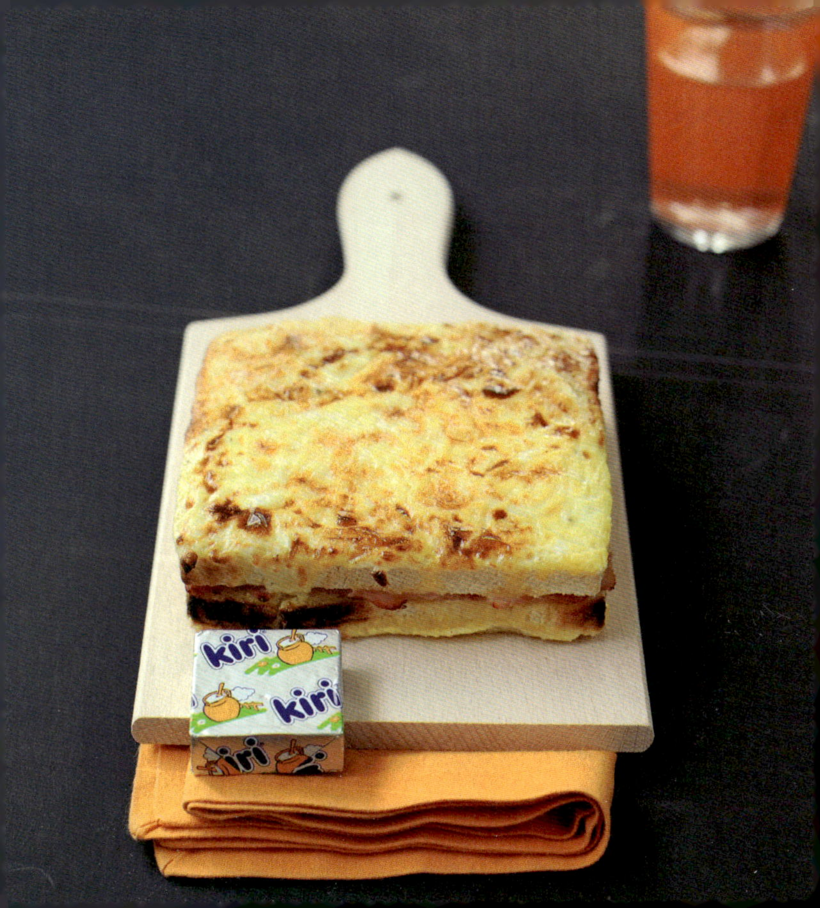
kiri
kiri

PARMENTIER DE JAMBON BLANC

15 MIN DE PRÉPARATION – 25 MIN DE CUISSON

POUR 4 PERSONNES

5 ou 6 pommes de terre à purée

4 tranches de jambon blanc

4 portions de KIRI®

3 cuillerées à soupe de lait

20 g de beurre

sel, poivre

MATÉRIEL

4 ramequins individuels

1- Faire cuire les pommes de terre dans une grande casserole d'eau bouillante salée pendant 20 minutes. Les éplucher.
2- Hacher le jambon blanc et le mélanger avec 2 portions de KIRI®. Répartir la préparation dans 4 ramequins.
3- Écraser les pommes de terre à l'aide d'un presse-purée. Ajouter le lait et 2 portions de KIRI®. Saler et poivrer. Mélanger. Préchauffer le four à 210 °C (th. 6).
4- Recouvrir le jambon avec la purée. Tasser et lisser le dessus à la fourchette en faisant des stries. Parsemer de noisettes de beurre et enfourner. Faire dorer sous le gril du four quelques minutes. Servir chaud.

à la crè

MUFFINS CRANBERRY & PISTACHES

15 MIN DE PRÉPARATION – 20 MIN DE CUISSON

POUR 4 PERSONNES

5 portions de KIRI®
4 œufs
200 g de sucre
300 g de farine
5 cl de lait
1 cuillerée à soupe d'extrait naturel de vanille
100 g de cranberry ou, à défaut, de myrtilles
125 g de pistaches non salées
1 sachet de levure chimique

MATÉRIEL

mixeur
moules à muffins

1- Préchauffer le four à 200 °C (th. 6).
2- Dans le bol du robot, mettre le sucre et les œufs puis mixer. Ajouter les portions de KIRI®, la farine mélangée à la levure et mixer de nouveau.
3- Ajouter l'extrait de vanille et le lait. Mélanger puis incorporer les cranberry et les pistaches.
4- Verser la pâte dans des moules à muffins en remplissant aux trois quarts. Enfourner pendant 20 minutes. Démouler et laisser refroidir.

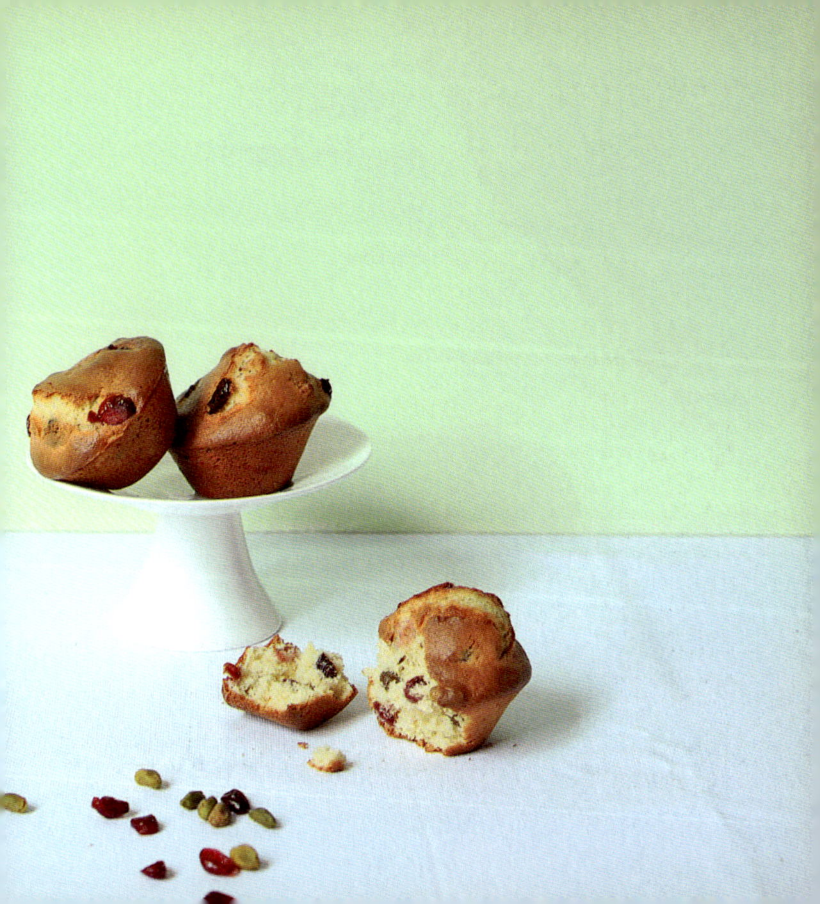

CARROT CAKE

15 MIN DE PRÉPARATION – 1 H DE CUISSON – 1 H DE REPOS

POUR 4 PERSONNES

CARROT CAKE

4 œufs

200 g de sucre en poudre

300 g de farine

1 sachet de levure chimique

2 cuillerées à soupe de cannelle

15 cl d'huile

250 g de carottes râpées

sel

GLAÇAGE

12 portions de KIRI®

2 cuillerées à soupe de jus de citron

60 g de sucre glace

MATÉRIEL

moule à cake de 26 cm

1- Préchauffer le four à 180-200 °C (th. 5-6).
2- Dans un bol, casser les œufs et les fouetter avec le sucre en poudre.
3- Mélanger la farine avec la levure et la cannelle puis ajouter ½ cuillerée à café de sel. Ajouter cette préparation au mélange œufs-sucre, petit à petit, tout en mélangeant puis verser l'huile. Incorporer les carottes râpées tout en mélangeant.
4- Huiler un moule à cake puis verser la pâte et enfourner pendant 1 heure. Vérifier la cuisson en plantant la pointe d'un couteau dans le cake. Elle doit ressortir propre. Démouler le cake tiédi et le laisser totalement refroidir.
5- Mélanger les portions de KIRI® avec le jus de citron et le sucre glace. Tartiner le dessus du cake avec cette pâte. Réserver au frais 1 heure afin que le glaçage fige.

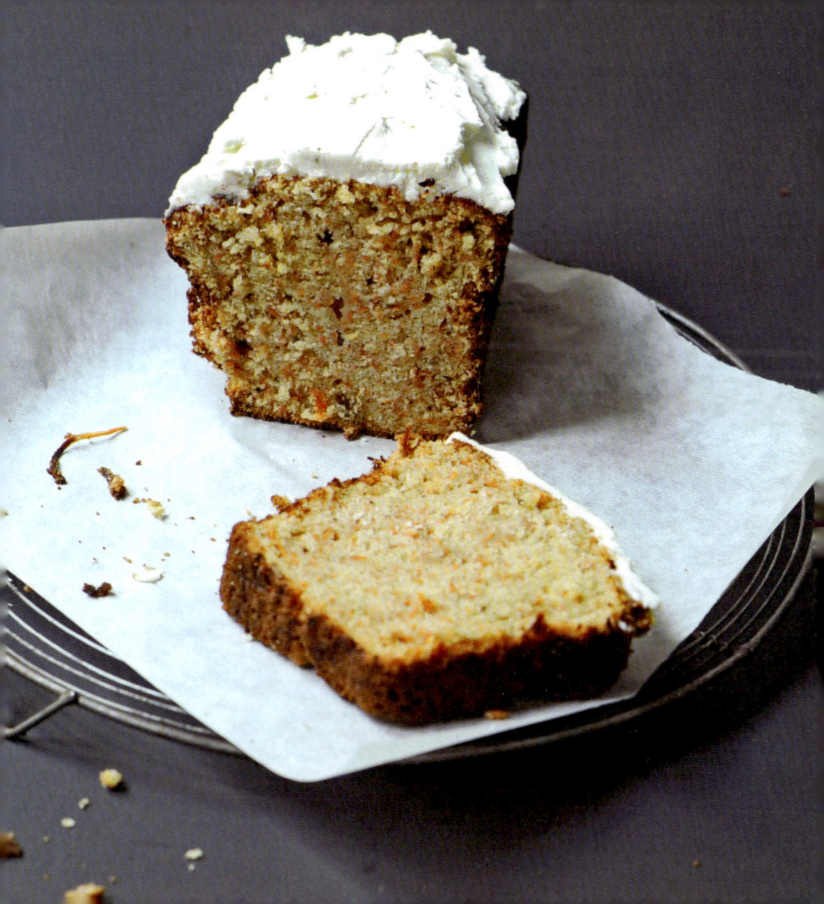

MINI CHEESECAKES GROSEILLES & CITRON

30 MIN DE PRÉPARATION – 3 H DE REPOS

POUR 4 PERSONNES

200 g de spéculos

30 g de beurre demi-sel ramolli

1 feuille de gélatine

1 citron

10 portions de KIRI®

100 g de sucre glace

chantilly en bombe

250 g de groseilles

MATÉRIEL

mixeur

4 cercles en inox

1 - Dans le bol du robot, mixer les biscuits afin de les réduire en poudre. Verser sur le plan de travail et ajouter le beurre coupé en morceaux. Malaxer de façon à obtenir une pâte.

2 - Aplatir la pâte du plat de la main sur 2 cm d'épaisseur. Placer 4 petits cercles en inox dessus et les enfoncer fortement dans la pâte pour la découper.

3 - Placez les cercles ainsi garnis de pâte sur un plat et faire durcir 1 heure au réfrigérateur.

4 - Dans un bol rempli d'eau froide, mettre la gélatine à ramollir.

5 - Prélever le zeste du citron et le presser pour récupérer le jus.

6 - Faire chauffer 2 cuillerées à soupe de jus de citron dans une casserole. Essorer soigneusement la gélatine et la faire fondre dans le jus de citron chaud. Mélanger vivement.

7 - Mélanger le KIRI® avec le reste du jus de citron et le sucre glace. Ajouter de la chantilly jusqu'à obtenir une préparation lisse et souple. L'ajouter au mélange précédent et mélanger soigneusement.

8 - Égrener les groseilles et les ajouter délicatement à la préparation.

9 - Garnir les cercles de pâte de ce mélange. Lissez au couteau et réservez 2 heures minimum au réfrigérateur. Ôter les cercles et servir frais, décoré de chantilly et de groseilles.

cheesecake

FEUILLETÉS AU MIEL, AMANDES & FRUITS ROUGES

20 MIN DE PRÉPARATION – 6 MIN DE CUISSON

POUR 4 PERSONNES

1 pâte feuilletée pur beurre

4 portions de KIRI®

4 cuillerées à café de miel liquide

50 g d'amandes effilées

1 jaune d'œuf

200 g de coulis de fruits rouges

1- Préchauffer le four à 200 °C (th. 6).
2- Dérouler la pâte feuilletée et découper 8 carrés de 10 x 10 cm.
3- Écraser le KIRI® et le mélanger avec le miel.
4- Répartir la préparation sur la moitié des carrés de pâte. Recouvrir avec les carrés restants et souder les bords en appuyant les dents d'une fourchette dessus.
5- Battre le jaune d'œuf avec un peu d'eau. Parsemer chaque carré d'amandes effilées et badigeonner au jaune d'œuf soigneusement.
6- Poser les feuilletés sur la plaque du four et enfourner. Faire dorer quelques minutes.
7- Servir tiède ou froid, accompagné du coulis.

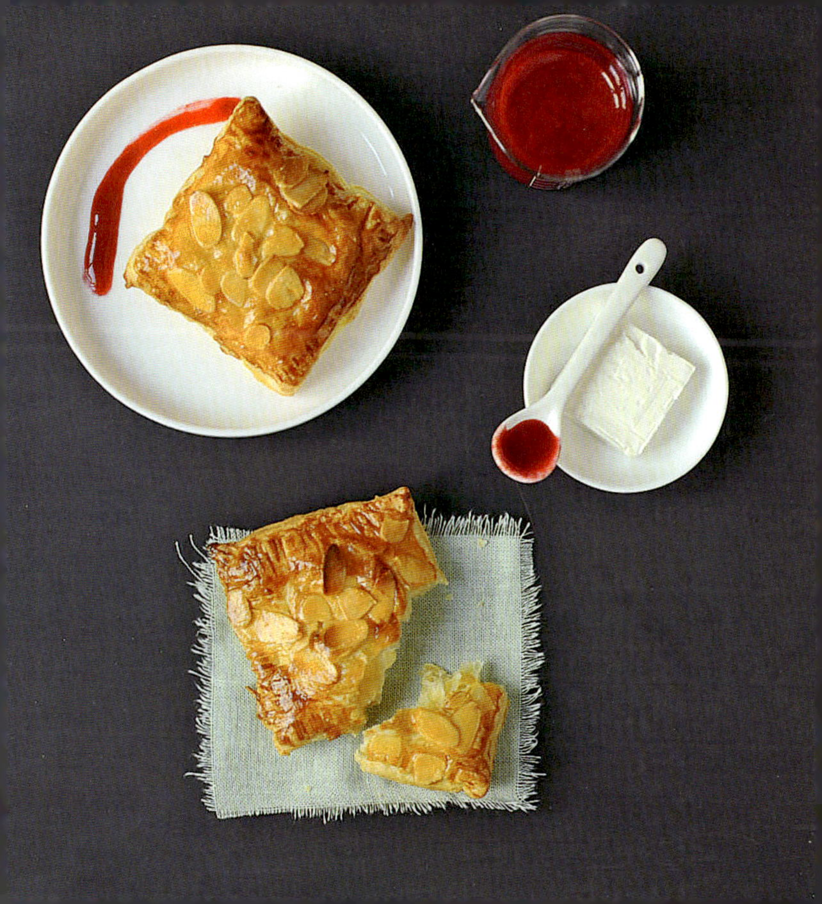

CUPCAKES

20 MIN DE PRÉPARATION – 20 MIN DE CUISSON

POUR 4 PERSONNES

CUPCAKES

200 g de chocolat noir

25 cl de lait

200 g de beurre ramolli

180 g de sucre en poudre

3 œufs

250 g de farine

½ sachet de levure chimique

GLAÇAGE

10 portions de KIRI®

50 g de sucre glace

SMARTIES®

MATÉRIEL

moule à muffins

1- Préchauffer le four à 180-200 °C (th. 5-6).
2- Faire fondre le chocolat dans le lait à feu doux, en remuant.
3- Dans un bol, mélanger le beurre avec le sucre. Ajouter les œufs, un à un, sans cesser de mélanger. Incorporer ensuite petit à petit la farine mélangée à la levure.
4- Ajouter le lait chocolaté puis mélanger.
5- Verser la pâte dans les moules à muffins en remplissant aux trois quarts. Enfourner et laisser cuire 20 minutes.
6- Démouler et laisser entièrement refroidir.
7- Mélanger les portions de KIRI® avec le sucre glace. Tartiner généreusement le dessus de chaque muffin avec le glaçage. Décorer avec les SMARTIES®.

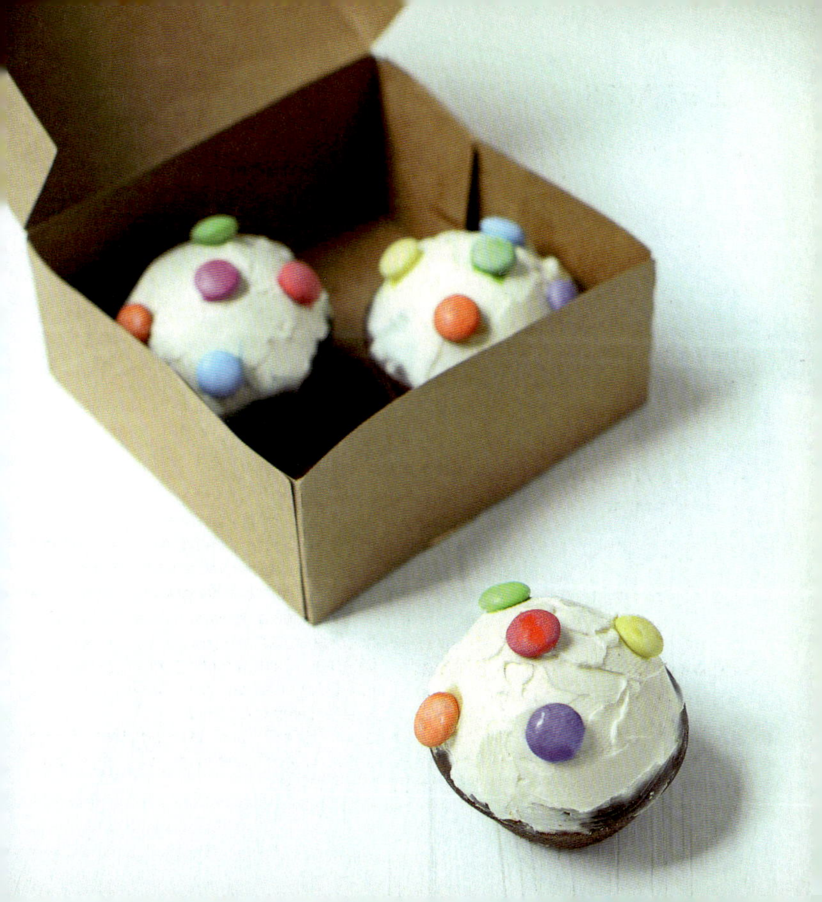

REMERCIEMENTS

L'auteur remercie toute l'équipe de Marabout ainsi que Lucie Cipolla
pour son aide précieuse.

Avec la collaboration des Fromageries BEL.
Tous droits réservés. Toute reproduction ou utilisation de l'ouvrage sous quelque forme
et par quelque moyen électronique, photocopie, enregistrement ou autre que ce soit
est strictement interdite sans l'autorisation de l'éditeur.

Shopping : Lucie Cipolla
Suivi éditorial : Marie-Eve Lebreton
Relecture : Véronique Dussidour
Mise en pages : Gérard Lamarche

© Hachette Livre (Marabout) 2011
ISBN : 978-2-501-07453-7
4100780/05
Achevé d'imprimer en octobre 2011
sur les presses d'Impresia-Cayfosa en Espagne
Dépôt légal : novembre 2011

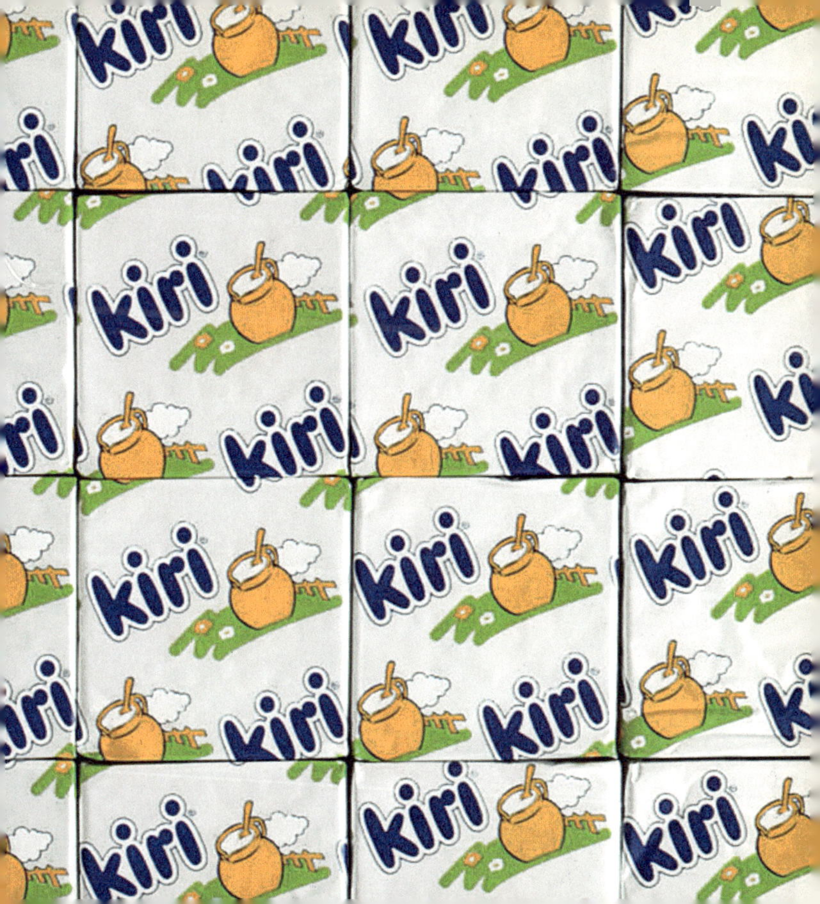
kiri

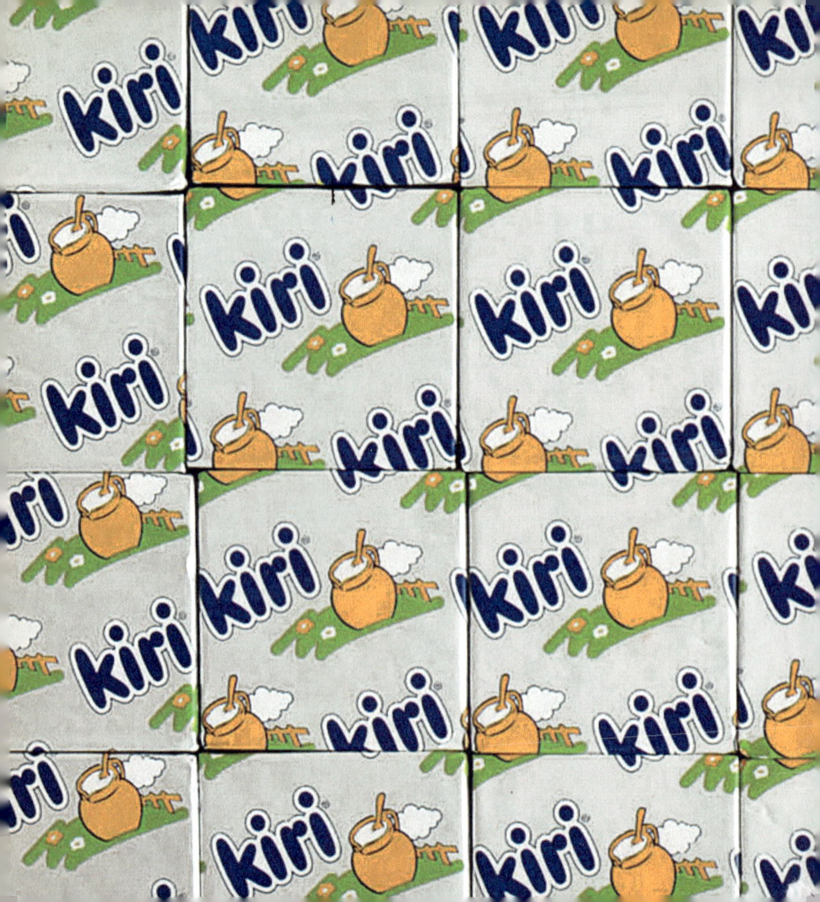
kiri